Italien
Slowenien
Kroatien
Bosnien & Herzegowina
Montenegro
Adriatisches Meer
Albanien
Amalfiküste
Griechenland
Ionisches Meer

Für Gustav und Julanda.
Lieb euch, ihr beiden! ♥
S. R.

Für meinen Otto.
Und für Siri und Henri.
M. O.

MIX
Papier | Fördert gute Waldnutzung
FSC® C002795

Friedrichstraße 9, D-80801 München
arsedition.de/service

Text ©: Madlen Ottenschläger,
vertreten durch die Agentur Brauer,
Agentin: Ulrike Schuldes
Idee für »OTTO fährt los« und Illustrationen ©: Stefanie Reich
Satz und Layout: Fly Gollair/Katja Goller

ISBN 978-3-8458-5871-5

www.arsedition.de

OTTO FÄHRT LOS

Ein Sommer in Italien

Stefanie Reich · Madlen Ottenschläger

Camper Vitruviano

- Otto da Vanci -

arsEdition

Nanu, was ist denn da los?
Was geht los?

Na, das neue Abenteuer geht los!

Vor Freude macht Otto große Augen.

Das ist praktisch. So kann er nämlich gleich ganz genau sehen, wer ihn dieses Mal auf großer Abenteuerfahrt begleitet. Otto lächelt. Die sehen ja nett aus!

Die, das sind:
Emmi und Paul.
Emmis und Pauls Mama Mira.
Und Emmis Papa und Pauls Bonus-Papa Leonardo,
den aber alle nur Leo nennen.

Psssst! Ein Bonus-Papa? Was ist das denn? Na, Pauls Eltern sind lange und noch viel länger getrennt. Und als Paul noch ganz klein war, zog Leo bei Mama und Paul ein. Seinen Papa hat Paul aber natürlich auch immer noch. Und darum ist Leo Pauls Bonus-Papa. Ein Noch-ein-Papa.

»Hallo, Otto!«, rufen Mama, Papa und Paul.
Emmi versteckt sich hinter Mamas Beinen.
Otto schmunzelt. Die vier gefallen ihm.

Und dann geht's auch schon los.

Halt, stopp! Das ist ja Quatsch.
Noch geht es natürlich kein bisschen los.

Erst einmal packen alle an. Und alles ein:

Und noch viel mehr.

Dann ist es endlich geschafft.
Otto zieht eine Augenbraue nach oben. Er ahnt schon, was kommt.

Und da kommt es auch schon:
»Kein bisschen ist es geschafft!«, ruft Paul empört.
»Wir haben meine Spielsachen vergessen!«
Paul holt Wali. Emmi holt Wuff.
Zack, macht Paul einen Riesenschritt.

Doch Emmi steht noch vor Otto. Sie ist zu klein!
Aber Otto kennt einen Trick. »Eins, zwei, drei, Einsteigerei«,
murmelt er. Zack, steht vor Emmi eine In-den-Otto-Rutsche.
»Du bist ja ein lebendiger Zauberbus!«, flüstert Paul.

Und das ist Otto wirklich. Er ruckelt kräftig,
und schon ist noch Platz für viele weitere Schätze.
Hurra! Otto ist einfach wunderbar!

Am nächsten Morgen klatsch-platschen dicke Regentropfen auf Ottos Dach. Doch das macht nichts. Mit Otto in den Urlaub fahren ist auch bei Regen brause-sause-gemütlich.

Otto rollt.
Und rollt.
Und ...

... rollt kein bisschen mehr!

Otto ruckelt, dann bleibt er stehen. Und um Otto herum stehen alle anderen auch. Denn nicht nur Otto will nach Italien, alle, alle wollen nach Italien!

Endlich rollt Otto weiter.
Und Otto schnauft.
Hui, da geht es aber steil bergauf!

Die Berge erinnern an Rücken von Riesen, die seit Tausenden Jahren schlafen. Längst sind Bäume auf ihnen gewachsen, Gräser und Wiesen. Und auf den allerhöchsten Bergspitzen glitzert es!
»Schnee, mitten im Sommer*!«, murmelt Paul überrascht.

»Ciao, Italia!«, ruft plötzlich Papa.

Otto zuckt vor Schreck.
Tschüß, Italien? Otto soll wieder nach Hause fahren? Da macht er nicht mit!
»Aber nein, Otto«, beruhigt Paul seinen Freund.
»Auf Italienisch heißt *Ciao* doch *Hallo*. Hallo, Italien! Wir sind da!«

»Ciao, Italia!«, ruft nun auch Otto und lacht.

Und dann ...

**Das sind die Gletscher der Alpen. Noch tragen sie selbst im Sommer Schnee und Eis.*

... muss Otto sich wundern.
Denn in Italien gibt es doch Meer und Sand!
Doch Otto entdeckt nicht einmal ein Sandkorn.
Vielmehr muss er hoch und immer noch höher.
Wie kann das denn sein?

Na, so kann das sein: Im Norden von Italien liegt Südtirol.
Mit Bergen, die die Wolken an den Bäuchen kitzeln.

»Wir sind da, an unserem allerersten Stopp!«, jubelt Papa.

Ganz früh am nächsten Morgen klatscht
Emmi vor Freude in die Hände.
Wirklich wunderbar am Im-Otto-Schlafen ist nämlich,
dass man die besten Plätze hat, wenn die Sonne sich
glitzerfunkelnd in den Tag schiebt.
»... Sssssön!«, ruft Emmi.

»Schön, aber auch ganz schön hoch«, flüstert Otto verschlafen.
So ein Glück, dass er keine Höhenangst hat. Dann döst er weiter.

Denn heute kraxeln andere. Otto grinst. Das gefällt ihm.

Und Emmi und Paul grinsen auch. Denn auf den Bergpfaden entdecken sie tausendmillionen Schätze. Steine und Stöcke. Und da! Eine Feder! Und ein Schneckenhaus! So ein Glück, dass Otto gut im Breitmachen ist.

Siehst du den Adler und die Murmeltiere,
die Gämsen und den Feuersalamander?
Und wo verstecken sich Zwergenkönig
Laurin und die Berghexe?

»Das sind die Drei Zinnen«, erklärt Mama. »Zinnen, Finnen«, reimt Paul. Und das passt ziemlich gut. Denn so wie Haifisch-Finnen-Flossen aus dem Wasser ragen, so erheben sich die drei Berge in den Himmel. Stolz und mächtig. Und einfach nur schön.

Und dann geht es auch schon weiter.
Und weiter. Und weiter.
Und dann …

»Der ist ja ganz schief!«, wundert sich Paul.
Otto aber hupt vor Freude.
Er weiß schon, was jetzt zu tun ist.

Hau ruuuu...
»STOOOOOOOOPP!

Das ist doch der schiefe Turm von Pisa!
Den darfst du nicht gerade-haurucken!«

Oh.
Öhm.
Otto wird ein bisschen rosa, dann rot.
Nun gibt es Ärger.

Doch der, der Otto so energisch gestoppt hat, guckt ganz freundlich. »Ich bin Romeo«, sagt Romeo und erklärt: »Der schiefe Turm ist unser Wahrzeichen. Der muss so schief bleiben. Er sackte vor über 800 Jahren plötzlich ab, weil der Boden unter ihm viel zu weich war. Ein Fehler also, den nun alle bestaunen.«

Plötzlich quietschen Reifen. Freudig hupend braust Julia, Romeos Freundin aus Verona, um die Ecke. Die zwei treffen sich immer in Pisa und nicht in ihrem Heimatort. Und schon sind sie im hibbel-trubeligen Feierabendverkehr verschwunden.

Auch in Emmi und Paul hibbelt-kribbelt es. Das ist die Vorfreude. Denn auf Emmi und Paul, Mama, Papa und Otto wartet etwas ...

Das *Etwas* sieht aus wie ein Fitzelchen Himmel. Doch dann drückt es sich plötzlich energisch durch die Bäume und wird zu einem großen Glitzerglänzen.
»Das Meer!«, jubelt Paul.

Mama macht das Fenster auf. »Riecht ihr das?«, fragt sie. »Questo è il profumo dell'Italia!«, ruft Papa. Es riecht nach Italien! Es ist ein ganz eigener Duft nach Pinien und wispernden Wellen, Gelato und einem Hauch Sonnenmilch.

»Jetzt beginnt *La Dolce Vita*«, seufzt Mama glücklich. Otto, Paul und Emmi gucken verblüfft. *La Dolce Vita?* Was soll das denn sein?
Papa lacht. »Das bedeutet, dass wir jetzt nur noch das tun, was wir am allerallerliebsten machen.«
»Ich entscheide mich für *Dolcefarniente*, das süße Nichtstun«, sagt Mama und spannt eine Hängematte auf.

Dafür haben Papa, Emmi und Paul kein bisschen Zeit. Sofort sausen sie los. Schon spüren sie den Sand unter ihren Füßen und dann das Meer. Oh, wie die Wellen die Bäuche kitzeln!

Und dann packt auch Otto kräftig mit an.

Langsam wird es Abend.
Und plötzlich ziemlich wuselig.

Denn heute ist ...

... Ferragosto!

Das ist der heißeste Tag des Jahres.
(Na gut, immer stimmt das so sicherlich nicht. Aber in Italien wird Ferragosto als Höhepunkt des Sommers gefeiert. Wie ein Danke für die sonnenschöne Zeit.)

Und an Ferragosto geht es an den Strand. Für ein abenteuerliches Strandpicknick!

Plötzlich macht Otto große Augen. »Hallo, Otto!«, rufen Juli und Gusti. Anni schwanzwedelt. Das ist ja eine Überraschung!

*Ich verrate dir was: Gemeinsam mit Otto, Hundedame Anni und ihren Eltern haben Juli und Gusti schon das schwedenschönste Abenteuer erlebt. Aber das ist eine andere Geschichte.**

»Dürfen wir uns zu euch setzen?«, fragt Gusti.
»Ja!«, rufen Paul und Emmi. Denn an Ferragosto wird geteilt. Ciabatta und gegrillte Auberginen, Oliven, Schinken und Tomaten. Und dann gibt es noch eine seeeehr leckere Überraschung ...

**Otto fährt los – Ein Sommer in Schweden*

Und eins ist klar: Wenn man gemeinsam die weltbeste Pizza isst und den Sand zwischen den Zehen spürt – dann hat man für ein paar Stunden die allerbesten Ferienfreunde gefunden.

Otto summt. Und Otto brummt.
So kann seine Ferienfamilie sommernachtgemütlich einschlafen.
Doch als alle schlafen, summt und brummt nicht mehr nur Otto.
Es summt und brummt plötzlich auch **im** Otto!
Oh nein! Eine stechige Fiesmücke!
Paul wacht auf. Es ist heiß und klebrig.
Jetzt kriecht das klebrige Gefühl bis in Pauls Bauch.
Da sitzt es und wird immer größer. Paul vermisst seine Freunde.
Und seinen Papa.

Otto spürt das. Schnell schickt er die Fiesmücke in die Sternenfunkelnacht.
Dann tröstet er seinen Freund:
»Heimweh kann man auch haben, wenn es ganz ferienwunderbar ist.
Es zeigt uns, dass wir gerne dort sind, wo wir die
meiste Zeit verbringen: zu Hause.«
Das klebrige Gefühl in Paul wird kleiner und kleiner.
Dann schläft Paul ein.

Kaum ist Paul wach, ruft er
seinen Papa an. Er zeigt ihm das
Meer und den Strand, Ludwig und
eine Muschel. Die beiden reden
und lachen, erzählen und kichern.
Das tut gut!

Am Mittag macht Otto sich breit.
So passen alle in seinen Schatten.
Es ist nämlich ganz schön heiß.
Papa Leo und Paul kochen Spaghetti.
Mama und Emmi decken den Tisch.
Und als alle so gemütlich beisammen sind,
ist das schöner als schön.
Kennst du das auch?

Kein bisschen schön ist aber,
was ein paar Tage später passiert ...

Am Straßenrand blinkt es.
Otto bremst.
Da stimmt doch was nicht!

»Possiamo dare una mano?«, fragt Papa. *Können wir helfen?*
»Sì, grazie!«, ruft Marco. *Ja, bitte!*
Marco und seine Ape Antonia kommen aus Rom und arbeiten hier als Eisverkäufer.
Doch nun springt Antonia nicht mehr an! Alle hupen schon und gestikulieren wild.
Wenn Antonia und Marco nicht bald weiterkommen, schmilzt das Eis.
Das lässt Otto nicht zu!

Ohne die Kraft der Sonne, gibt's keine Gelato-Wonne!

Tatsächlich! Otto kühlt das Gelato mit der Energie seines Solarpanels. Dann gibt Otto Antonia einen Kabel-Schubser. Schon geht es weiter. Und plötzlich hat Paul eine Idee.

Emmi und Paul helfen Antonia und Marco beim Eisverkaufen. Mit so vielen Pausen, wie sie wollen. Und die sind ziemlich lecker.

Ottos Ferienfamilie schlendert durch die kopfsteinverwinkelten Gassen. Als Emmi sich bückt, um einem Käfer Hallo zu sagen, bleibt Papa einfach stehen. Im Urlaub treibt keiner Emmi an, weil sie jetzt sofort in der Kita oder beim Turnen oder beim Einkaufen sein müssen. Emmis Bauch glückskribbelt.

»Aaaaah«, macht Paul.
»Oh nein!«, ruft Mama. »Hast du Zahnschmerzen?«
»Quatsch, Mama! Aaaaah weil … aaaaah, ist das schön!«
Mama lacht. »Italien ist wirklich das Land des Aaaaahs.«
»Aaaaah wie aaaaalle Farben«, fällt Paul ein.

Tatsächlich leuchten die Häuser, die sich ganz eng an die baumgrün-steinige Felsküste drücken, in allen Farben. »Vor vielen und noch viel mehr Jahren«, erzählt Otto, »malten die Bewohner die Häuser bunt an, damit die Fischer den Weg nach Hause fanden.«

Wie aus dem Nichts steht plötzlich eine Frau vor Otto und gestikuliert wild.
»Wir übernachten nicht«, erklärt Papa.
»Wir rasten nur.«

Wildcampen ist in Italien verboten. Auch, weil manche die Natur zu wenig wertschätzen und Müll zurücklassen. Wie gut, dass Otto und seine Ferienfamilie sich an diese Regel halten!

Paul grinst. Er weiß was. »Italien ist auch das Land, in dem alle zwei Sprachen sprechen. Italienisch und Händisch!«
»Und wir Autos reden mit der Hupe«, lacht Otto.

Hup hup!

Halt! Stopp! Italien ist doch das Land der Zitronen.
Es gibt ein berühmtes Gedicht:*
Kennst du das Land, wo die Zitronen blühn,
im dunklen Laub die Goldorangen glühn,
*ein sanfter Wind vom blauen Himmel weht ...**

»Und Paul jetzt ...

*»Mignon« von Johann Wolfgang von Goethe

... Ziegen streicheln geht!«, reimt Otto weiter.
Und das macht Paul wirklich. Denn Otto ist für die nächsten zwei Nächte auf einen *Agricampeggio* gerollt, einen Bauernhofcampingplatz.

Bäuerin Rosa zeigt, wo die vielen, vielen Oliven wachsen, von denen sie und ihre Familie leben und deren Ernte im Herbst beginnt.
Daneben stehen Zitronenbäume.
»Und hier, bei den Tomaten, kann ich jede Hand gebrauchen!«, ruft Rosa.

Paul legt sofort los. Emmi aber beißt einfach in eine Tomate. Obwohl die noch am Strauch hängt! Otto hupt auf. Doch Rosa lacht und erntet ein paar Früchte. Daraus wird später eine leckere Tomatensoße. Wie sehr Rosas Tomaten nach Sonne schmecken!, denkt Paul.

Dann ist Otto dran. Er hilft Rosa tragen.

Und weißt du, was? Manchmal trifft man im Urlaub nicht nur neue Menschen. Sondern auch Menschen, die man schon lange und noch viel länger kennt ...

»Ciao, Mira, Paul und Emmi! Buongiorno, Leonardo!«, ruft Francesca. Otto hupt. »Oh! Und buongiorno, Otto«, lacht Francesca. Auch Leo lacht. »Ciao, Tante Francesca.«

Hui, Leos Tante lebt in Italien! Tatsächlich kam Leos Mama, die Schwester von Francesca, vor vielen, vielen Jahren von Italien nach Deutschland, um dort zu arbeiten. Und blieb für immer. Darum spricht Leo Italienisch und Deutsch! Sprichst du auch mehr als eine Sprache?

Seit Tagen hat Francesca gekocht und gebacken. Doch trotzdem geht es jetzt auf den Markt. Manches muss einfach frisch sein!

Entdeckst du den Knoblauch und den Fenchel, die Zitronen und die Artischocken?

In einer *Pasticceria* entscheiden sich Paul und Emmi für Mandelkekse. Für Mama und Francesca gibt es ein *Cornetto*. Für Papa einen *Caffè*. Und für Otto neue Geschichten.

Und dann ...

... wird gefeiert!

Doch nicht nur die Familie feiert.
Aus dem Dorf kommen Francescas Freundinnen und Freunde.
Und eine Überraschung.
Otto grinst. Die beiden kennt er doch!
Dann gibt es ganz viele Vorspeisen. Es sind so viele,
dass es beinahe wie ein Hauptessen ist.
Danach Spaghetti, die aber kein bisschen das Hauptessen
sind. Dann riesige Platten, die das Hauptessen tragen.
Und ganz am Schluss ...

... Eis!

»Eis? No, no e no!«, ruft Papa. »In Italien gibt es nur ...«
»... Gelato!«, rufen Paul und Emmi, Mama und Otto.

Und eins ist jetzt natürlich klar: Italien ist nicht nur das Land der Zitronen und des Meers, der Bergdörfer und des Aaaaahhhs. Italien ist auch das Land des Mmmmmms.
Mmmm, ist das lecker!
»Psssst, Otto! Mach dich schön breit!«, flüstert Francesca. Und als Mama und Papa, Emmi und Paul gerade nicht gucken, packt sie allerlei Leckereien ein.

Doch auch die schönste Feier endet.
Und die schönste Reise auch.
Otto rollt los.
Und rollt. Und rollt.

Otto rollt heim.
… Oh nein!

Das ist traurig. Doch schön ist es auch!
Vielleicht weißt du das schon: Traurigschön gibt es auch.

Paul freut sich auf seinen Papa.
Emmi auf ihre Freundinnen und Freunde in der Kita.

Und Otto?
Otto weiß was. *Hör gut zu, dann weißt du es auch.*
»Auch das abenteuerlichste Abenteuer braucht ein Ende.
Denn nur wenn es ein Ende hat …«

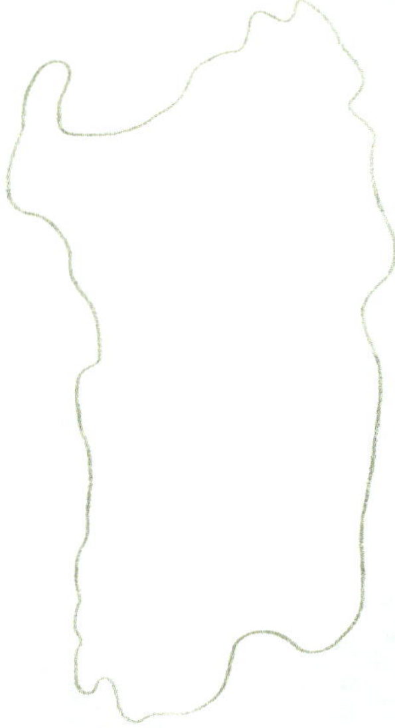

»… kann ein neues Abenteuer anfangen«, ruft Paul.

Und das kann doch nur eins bedeuten:
»Wir sehen uns wieder, Otto!«, sagen Paul, Mama und Papa.
Emmi winkt.

Blick hinter die Kulissen

Stefanie und Madlen machen leidenschaftlich gern Urlaub. Zum Beispiel in Italien. »Otto fährt los« ist ein bunter Reigen von sonnenschönen Abenteuern, tatsächlich erlebten und fantastisch fabulierten. Und Otto ist Otto. Ein (ausgedachter) Bilderbuchbus, der darum ganz nah an den schiefen Turm von Pisa fahren und Strand buddeln darf. Echte Camper un Autos dürfen das nicht. Und das ist a gut so, sonst geht es der Natur und d Denkmälern nicht gut.

Stefanie Reich, geboren 1984, lebt mit ihrer Familie in der Buchmessestadt Leipzig. In Italien kampierte sie zwischen Olivenbäumen, ließ die Seele in der Hängematte unter Pinien baumeln, wanderte mit der Familie durch die sanften Hügel der Toskana und aß Gelato zu jeder sich bietenden Gelegenheit.